Die Erfindung der 10 Gebote

drakonisch, konsequent und eitel

Eine Betrachtung

von

Lutz Spilker

DIE ERFINDUNG DER 10 GEBOTE – DRAKONISCH, KONSEQUENT UND EITEL

Bibliografische Information der Deutschen Nationalbibliothek:
Die Deutsche Nationalbibliothek verzeichnet diese Publikation in der Deutschen Nationalbibliografie; detaillierte bibliografische Daten sind im Internet über http://dnb.dnb.de abrufbar.

Softcover ISBN: 978-3-384-38234-4
Ebook ISBN: 978-3-384-38235-1

© 2024 by Lutz Spilker
https://www.webbstar.de
Druck und Distribution im Auftrag des Autors:
tredition GmbH, An der Strusbek 10, 22926 Ahrensburg, Germany

Inhalt

**Es gibt auf der Welt über dreißig Millionen Gesetze,
um die zehn Gebote durchzuführen.**

Albert Schweitzer

Ludwig Philipp Albert Schweitzer (* 14. Januar 1875 in Kaysersberg bei Colmar,
Reichsland Elsaß-Lothringen (Deutsches Reich); † 4. September 1965 in
Lambarene, Gabun) war ein deutsch-französischer Forscher, Arzt, Philosoph,
evangelischer Theologe, Organist, Musikwissenschaftler und Pazifist. Er gilt als
einer der bedeutendsten Denker des 20. Jahrhunderts.

Vorwort

Liebe Leserinnen und Leser,

die Zehn Gebote sind mehr als nur ein zentrales Element des Alten Testaments. Sie sind fundamentale Prinzipien, die Generationen von Gläubigen und Nicht-Gläubigen gleichermaßen geprägt haben. Dieses Buch, ›Die Erfindung der 10 Gebote‹, zielt darauf ab, diese ikonischen Texte aus einer Perspektive zu betrachten, die sowohl historisch als auch kulturell fundiert ist, während es gleichzeitig die symbolische und moralische Bedeutung der Gebote anerkennt.

Ursprung und Historischer Kontext

Die Welt vor 3500 Jahren war eine von Unsicherheiten geprägte Zeit. Die Menschen lebten in engen Gemeinschaften und waren stark von natürlichen und sozialen Strukturen abhängig. In dieser Zeit entstanden verschiedene ethische und rechtliche Normen, die das Zusammenleben regulierten. Diese Normen, die in vielen antiken Kulturen existierten, halfen, Stabilität und Ordnung in einer oft chaotischen Welt zu schaffen.

Bevor die Zehn Gebote im Alten Testament als direkte Anweisungen Gottes an Mose dargestellt wurden, könnten sie als solche Normen verstanden worden sein. Diese Regeln waren möglicherweise Teil eines breiteren rechtlichen und ethischen Systems, das das soziale Leben in antiken Gemeinschaften regelte und die moralischen Vorstellungen dieser Zeit widerspiegelte.

Die Symbolik von Mose und dem Berg Sinai

Die biblische Erzählung, dass Mose die Gebote direkt von Gott auf dem Berg Sinai empfing, ist eine kraftvolle symbolische Darstellung. Sie betont die göttliche Autorität und die unveränderliche Bedeutung dieser Gebote. Indem die Gebote als direkte Worte Gottes interpretiert wurden, erhielten sie eine zeitlose und universelle Bedeutung, die weit über ihre ursprüngliche kulturelle und historische Umgebung hinausgeht.

Diese symbolische Darstellung verleiht den Geboten eine Autorität, die sie zu mehr als nur menschlichen Gesetzen macht. Sie werden zu universellen moralischen Prinzipien, die in vielen Kulturen und Religionen bis heute fortwirken.

Transformation und Zweck der Gebote

Die Transformation der 10 Gebote von rechtlichen Vorschriften zu religiösen Dogmen zeigt die dynamische Entwicklung von religiösen und ethischen Konzepten im Laufe der Geschichte. Diese Entwicklung spiegelt wider, wie religiöse Institutionen ethische Normen adaptierten und in den Dienst ihrer Glaubenssysteme stellten. Indem die Gebote als göttliche Anordnungen verstanden wurden, erhielten sie eine Autorität und Bindungskraft, die über die eines normalen Gesetzes hinausgingen.

Bedeutung und Relevanz Heute

Heute werden die Zehn Gebote nicht nur als religiöse Vorschriften, sondern auch als universelle moralische Grundsätze betrachtet. Ihre Relevanz in der modernen Welt zeigt sich in vielen Bereichen, von der Gesetzgebung bis zur Ethik. Dieses Buch wird untersuchen, wie die Gebote interpretiert und umgedeutet wurden, um den sich verändernden moralischen und sozialen Bedürfnissen gerecht zu werden.

1. Du sollst keine anderen Götter haben neben mir

Moderne Interpretation:

Respektiere die individuellen Glaubensüberzeugungen anderer, fördere Toleranz und den Dialog zwischen Religionen und Weltanschauungen.

2. Du sollst den Namen des Herrn, deines Gottes, nicht missbrauchen

Moderne Interpretation:

Handle respektvoll gegenüber anderen, vermeide Manipulation und Missbrauch von Macht, besonders im Namen von Glaubenssystemen.

3. Du sollst den Feiertag heiligen

Moderne Interpretation:

Achte auf eine gesunde Work-Life-Balance, nimm dir Zeit für Entspannung und Reflexion, um deine geistige und körperliche Gesundheit zu fördern.

4. Du sollst deinen Vater und deine Mutter ehren

Moderne Interpretation:

Respektiere nicht nur deine Eltern, sondern auch ältere Generationen im Allgemeinen. Fördere gegenseitigen Respekt zwischen den Generationen und schätze Erfahrung und Weisheit.

5. Du sollst nicht töten

Moderne Interpretation:

Gewalt in jeglicher Form ist abzulehnen, sei es physische oder psychische. Setze dich aktiv gegen Unterdrückung und Ungerechtigkeit ein.

6. Du sollst nicht ehebrechen

Moderne Interpretation:

Sei ehrlich und respektvoll in allen Beziehungen. Vermeide Betrug und Täuschung, schaffe Vertrauen und gegenseitige Achtung.

7. Du sollst nicht stehlen

Moderne Interpretation:

Respektiere das Eigentum anderer, sei es materiell oder intellektuell. Fördere Fairness und Transparenz in allen Bereichen des Lebens.

8. Du sollst kein falsches Zeugnis ablegen wider deinen Nächsten

Moderne Interpretation:

Verbreite keine Falschinformationen, achte auf die Wahrheit in der Kommunikation, besonders in Zeiten der Desinformation und ›Fake News‹.

9. Du sollst nicht begehren deines Nächsten Haus

Moderne Interpretation:

Vermeide Missgunst und Neid. Sei zufrieden mit dem, was du hast, und fördere eine Haltung der Dankbarkeit.

10. Du sollst nicht begehren deines Nächsten Frau, noch irgendetwas, das dein Nächster hat

Moderne Interpretation:

Respektiere die persönlichen Beziehungen und das Eigentum anderer. Achte auf gesunde, respektvolle Grenzen in deinem Leben und in der Gesellschaft.

Struktur des Buches

Das Buch gliedert sich in mehrere Kapitel, die jeweils einen anderen Aspekt der 10 Gebote beleuchten. Es beginnt mit einer detaillierten historischen und kulturellen Analyse der Entstehung der Gebote. Jedes Gebot wird einzeln untersucht, wobei sowohl seine historische Bedeutung als auch seine moderne Relevanz betrachtet werden. Abschließend wird die Rezeption und Interpretation der Gebote durch die Jahrhunderte diskutiert und ihre Bedeutung in der heutigen Zeit reflektiert.

Einladung zum Nachdenken

›Die Erfindung der 10 Gebote‹ lädt Sie ein, diese fundamentalen Texte aus einer neuen Perspektive zu betrachten. Es fordert Sie auf, über die historischen und kulturellen Wurzeln der Gebote nachzudenken und ihre anhaltende Relevanz in unserer modernen Welt zu reflektieren. Dieses Buch ist nicht nur eine historische Untersuchung, sondern auch eine Einladung zur ethischen Reflexion und zum kritischen Denken.

Mit herzlichen Grüßen,

Lutz Spilker

Einleitung

Die Bedeutung der Zehn Gebote in der Menschheitsgeschichte

Die Zehn Gebote, wie sie im Alten Testament verankert sind, gehören zu den bekanntesten und am weitesten verbreiteten moralischen Regelwerken der Menschheit. Ihre Bedeutung erstreckt sich weit über religiöse Kontexte hinaus und hat sich tief in das ethische und rechtliche Fundament westlicher Kulturen eingeschrieben. Sie sind nicht nur ein zentraler Bestandteil der jüdisch-christlichen Tradition, sondern haben auch in vielen anderen Teilen der Welt moralische Normen geprägt.

Ihre Kraft liegt in ihrer Einfachheit und Klarheit. Zehn kurze, prägnante Regeln, die das Verhältnis des Menschen zu Gott und das zwischenmenschliche Verhalten ordnen sollen. Trotz ihrer Schlichtheit behandeln sie tiefgreifende ethische Fragen, die universelle Gültigkeit haben – von der Achtung des Lebens über die Ehrlichkeit bis hin zu Gerechtigkeit und dem Respekt vor dem Eigentum anderer.

Historisch betrachtet spiegeln die Zehn Gebote eine Gesellschaft wider, die von Unsicherheiten, ständigen Bedrohungen und existenziellen Nöten geprägt war. In einer Zeit, in der staatliche Gewalt und organisierte Rechtsstrukturen noch kaum ausgeprägt waren, lieferten sie ein verbindliches Regelwerk, das das soziale Zusammenleben ordnete und die Gemeinschaft stärkte. So entwickelten sie sich zu einem moralischen Anker, auf den sich sowohl religiöse als auch weltliche Gemeinschaften stützten.

Über die Jahrtausende haben die Zehn Gebote nichts von ihrer Strahlkraft verloren. Ihre Formulierung mag aus einer längst vergangenen Zeit stammen, doch ihre moralische Botschaft ist zeitlos. Die Gebote ›Du sollst nicht töten‹ oder ›Du sollst nicht stehlen‹ berühren universelle menschliche Grundsätze, die in fast jeder Gesellschaft zu finden sind. Sie fordern Ehrlichkeit, Respekt und Rücksichtnahme und bieten Orientierung in einer sich ständig wandelnden Welt.

Doch ihre Bedeutung geht über das individuelle Verhalten hinaus. Die Zehn Gebote haben auch die Entwicklung von Rechtssystemen beeinflusst. Viele moderne Gesetze, insbesondere im westlichen Rechtsraum, tragen die ethischen Prinzipien der Zehn Gebote in sich. Diese enge Verbindung zwischen religiösen Vorschriften und weltlichem Recht zeigt sich besonders im Einfluss auf die Entwicklung der Menschenrechte und der modernen Vorstellung von Gerechtigkeit.

Nicht zuletzt sind die Zehn Gebote auch ein Zeugnis des menschlichen Strebens nach einer höheren Ordnung. Sie stellen den Versuch dar, universelle Prinzipien zu formulieren, die über individuelle Interessen hinausgehen und das Gemeinwohl fördern. In diesem Sinne sind die Zehn Gebote mehr als nur religiöse Vorschriften – sie sind Ausdruck eines kollektiven menschlichen Ideals.

In einer Zeit, in der Gesellschaften zunehmend pluralistisch und säkular geworden sind, wird die Relevanz religiöser Texte oft hinterfragt. Doch die Zehn Gebote haben ihren Platz als moralischer Kompass in der Menschheitsgeschichte behauptet. Sie bieten nach wie vor eine moralische Grundlage, auf die sich Menschen unterschiedlicher Glaubensrichtungen und Weltanschauungen einigen können. Ihre universelle Botschaft von Respekt, Ehrlichkeit und Mitgefühl bleibt auch in einer sich verändernden Welt von großer Bedeutung.

Die Frage nach der historischen und gesellschaftlichen Relevanz der Zehn Gebote lässt sich daher nicht einfach beantworten. Sie sind sowohl ein Dokument ihrer Zeit als auch ein zeitloser moralischer Leitfaden. Ihr Einfluss ist so tiefgreifend, dass sie nicht nur das moralische Handeln einzelner Menschen, sondern ganze Gesellschaften geprägt haben. Und während sich die Welt um uns herum weiterentwickelt, bleibt der ethische Kern der Zehn Gebote ein Fundament, das die Menschheit seit Jahrtausenden begleitet.

Die historische Welt vor 3500 Jahren

Lebensbedingungen und Gesellschaft

Vor etwa 3500 Jahren sah die Welt völlig anders aus als heute. Die Menschen lebten in einer rauen und oft unsicheren Umgebung, geprägt von knappen Ressourcen, Naturgewalten und einem ständigen Überlebenskampf. Die technologischen und sozialen Strukturen, die das Leben heute bestimmen, existierten damals kaum. Um sich ein Bild davon zu machen, unter welchen Bedingungen die 10 Gebote entstanden sein könnten, müssen wir die damalige Welt als ein Mosaik aus Nomadentum, Landwirtschaft, Stammeskulturen und Frühstädten betrachten.

Die Mehrheit der Menschen lebte in einfachen Gemeinschaften, in denen die Familie und der Stamm die wichtigsten sozialen Einheiten bildeten. Diese Gruppen waren oft autark und überlebten durch Landwirtschaft, Viehzucht und Handel. Es war eine Zeit, in der die Menschen auf die Natur angewiesen waren, und das Überleben hing oft von der Gunst des Wetters und der Jahreszeiten ab. Die einfachen Behausungen, in denen sie lebten – Hütten aus Lehm, Stein und Stroh – boten nur geringen Schutz vor den Elementen.

Die Lebenserwartung lag bei etwa 30 bis 40 Jahren. Hohe Kindersterblichkeit, Krankheiten und mangelnde medizinische Versorgung waren Alltag. Hygienestandards, wie wir sie heute kennen, gab es nicht. Krankheiten breiteten sich leicht aus, und oft wurde das Leben durch kleinste Verletzungen oder Infektionen gefährdet. In dieser Welt war der menschliche Körper nicht nur ein Werkzeug zum Überleben, sondern auch ständig den Gefahren einer unberechenbaren Umwelt ausgesetzt.

Bildung war ein Privileg, das nur den Eliten vorbehalten war. Der Großteil der Bevölkerung war Analphabeten. Wissen und Tradition wurden mündlich überliefert, und diese orale Kultur war oft anfällig für Missverständnisse und Verzerrungen. Nur die Elite, wie Priester und Könige, hatten Zugang zu schriftlichen Aufzeichnungen, die in frühen Schriftsystemen wie Keilschrift oder Hieroglyphen festgehalten wurden.

Die Gesellschaften waren tief in Glauben und Spiritualität verwurzelt. Religion war ein zentraler Bestandteil des Alltags und bot eine Erklärung für die Unwägbarkeiten des Lebens. Das Pantheon der Götter, das von einer Region zur nächsten variierte, regierte das tägliche Leben der Menschen. Opfer, Rituale und Gebete an die Götter waren verbreitete Praxis, um Schutz und Fruchtbarkeit zu erbitten.

Dennoch war die Rolle der Religion mehr als nur spirituell. Sie spielte auch eine ordnende und stabilisierende Funktion in der Gesellschaft. In einer Zeit, in der es keine modernen staatlichen Institutionen gab, wirkten religiöse Normen und Tabus als soziale Kontrolle, die das Verhalten der Menschen regulierten. Die Vorstellung von göttlicher Gerechtigkeit und der Vergeltung für Vergehen bot ein Regulativ, das über Stammeskonflikte und lokale Streitigkeiten hinausging. Hier beginnt die Vorstellung von universellen moralischen Prinzipien Gestalt anzunehmen – Gebote, die nicht nur auf die unmittelbare Gemeinschaft beschränkt waren, sondern eine göttliche, unveränderliche Ordnung repräsentierten.

Die Familie war die zentrale soziale Institution. Patriarchale Strukturen dominierten, und das Erbe sowie die soziale Stellung wurden meist durch die männliche Linie weitergegeben. Frauen hatten oft eine untergeordnete Rolle und waren in erster Linie für Haushalt und Kindererziehung verantwortlich. Doch innerhalb der Familie war das gegenseitige Abhängigkeitsverhältnis stark, und die Gemeinschaft stand über dem Individuum.

Die Zeit vor 3500 Jahren war auch eine Ära großer politischer Veränderungen. Aufkommende Reiche wie Ägypten und Mesopotamien etablierten komplexe Verwaltungssysteme und begannen, ihre Macht über weite Gebiete auszudehnen. Handel spielte eine entscheidende Rolle in der Vernetzung von Kulturen. Über Karawanenwege und Wasserstraßen wurden Waren, Ideen und Technologien ausgetauscht. Auch die Nomadenvölker, wie jene, aus denen später die Israeliten hervorgingen, nahmen an diesen Austauschprozessen teil, obwohl sie selbst oft am Rande der großen Reiche standen.

Doch neben dem wirtschaftlichen Austausch gab es auch ständige Konflikte um Land und Ressourcen. Kriege, Überfälle und Plünderungen waren allgegenwärtig, und die Menschen lebten in einer ständigen Bedrohung. In dieser unsicheren Welt boten moralische Regelwerke, wie sie in den Zehn Geboten festgeschrieben wurden, eine dringend benötigte Orientierung.

Zusammenfassend war die Welt vor 3500 Jahren geprägt von Unsicherheit, aber auch von Innovation. Die Menschen standen am Beginn der Entwicklung komplexer Zivilisationen, die auf Landwirtschaft, Handel und Religion basierten. Doch trotz ihrer kulturellen und technologischen Errungenschaften waren sie tief verwurzelt in einer archaischen Vorstellung von Göttern, Mythen und moralischen Prinzipien, die Ordnung in einer chaotischen Welt schufen. Die 10 Gebote entstanden in diesem Kontext als eine Art moralisches Kompendium, das den Menschen helfen sollte, in einer ungewissen und oft feindseligen Welt zu überleben.

Die Entstehung von Glaubenssystemen

Von Polytheismus zum Monotheismus

Die Geschichte der Religionen ist eine Geschichte des Wandels – von einer Welt, in der unzählige Götter die Natur, das Schicksal und die Menschen beherrschten, hin zu einer Vorstellung eines einzigen, allmächtigen Gottes. Dieser Übergang vom Polytheismus zum Monotheismus war ein langsamer, komplexer Prozess, der über Jahrhunderte hinweg stattfand. Dabei spielte die Entwicklung von Gesellschaften, Kulturen und politischen Strukturen eine wesentliche Rolle.

In den frühen Stadien menschlicher Zivilisation waren die Menschen eng mit der Natur verbunden. Ihre Existenz hing von den Kräften der Natur ab, und diese Kräfte wurden als übernatürlich und göttlich wahrgenommen. Blitze, Stürme, Überschwemmungen oder die Fruchtbarkeit des Bodens wurden als Manifestationen göttlicher Wesen betrachtet. In vielen frühen Kulturen entwickelte sich ein Pantheon von Göttern, die jeweils für verschiedene Aspekte des Lebens zuständig waren. So wurden in Mesopotamien die Götter Anu (Himmel), Enlil (Wind) und Enki (Wasser) verehrt, während in Ägypten Götter wie Ra, der Sonnengott, und Osiris, der Gott der Unterwelt, große Bedeutung hatten.

Der Polytheismus, der diese frühen Zivilisationen prägte, war tief in die sozialen Strukturen eingebettet. Tempel dienten als

Orte der Verehrung, Opfer und Rituale wurden durchgeführt, um die Gunst der Götter zu erlangen. Die Priesterschaft spielte eine zentrale Rolle in der Vermittlung zwischen Menschen und Göttern. Oft waren die Herrscher selbst eng mit der göttlichen Welt verbunden – viele Könige oder Pharaonen beanspruchten, entweder von den Göttern abstammen oder selbst göttliche Eigenschaften zu besitzen.

Doch trotz der scheinbaren Festigkeit dieser polytheistischen Systeme begann sich in bestimmten Teilen der Welt eine neue Form von Glauben zu entwickeln. In Mesopotamien und Ägypten deuteten frühe Tendenzen darauf hin, dass ein einziger Gott über allen anderen stand. Der Sonnengott Ra beispielsweise entwickelte sich im Laufe der ägyptischen Geschichte zu einer immer dominanteren Gottheit. Diese Idee eines höchsten Wesens, das über die gesamte Schöpfung wachte, kann als ein Vorläufer des Monotheismus gesehen werden.

Ein entscheidender Wendepunkt kam mit der Entstehung des jüdischen Glaubens. Im Gegensatz zu den polytheistischen Religionen ihrer Nachbarn betonten die frühen Israeliten den Glauben an einen einzigen Gott, Yahweh (Jahwe / JHWH). Dieser Gott wurde nicht als Teil eines Pantheons gesehen, sondern als der einzige wahre Schöpfer und Herrscher des Universums. Diese Vorstellung von Monotheismus entwickelte sich nicht abrupt, sondern in einem langen Prozess, der stark von den historischen und sozialen Bedingungen der Israeliten geprägt war.

Der Monotheismus der Israeliten war eine Reaktion auf die Krisen und Herausforderungen ihrer Zeit. In einer Welt voller Kriege, Zerstörung und Unsicherheit bot der Glaube an einen allmächtigen, gerechten Gott den Israeliten Halt und Orientierung. Dieser Gott war kein ferner Herrscher über die Naturgewalten, sondern ein persönlicher Gott, der einen Bund mit seinem Volk einging und ihnen ethische Gebote gab. Diese Vorstellung von einem moralischen Gott, der in die Geschichte eingreift und von den Menschen ethisches Verhalten fordert, war revolutionär.

Im Gegensatz zu den polytheistischen Göttern, die oft launisch und unberechenbar waren, war der Gott der Israeliten ein gerechter und verlässlicher Gott. Er forderte nicht nur Opfer und Rituale, sondern vor allem Gerechtigkeit, Mitgefühl und den Gehorsam gegenüber seinen Geboten. Diese Entwicklung hin zu einem moralisch orientierten Monotheismus hatte tiefgreifende Auswirkungen auf das Denken und Handeln der Menschen und beeinflusste nicht nur die Religion, sondern auch die politischen und sozialen Strukturen der Gesellschaft.

Mit der Verbreitung des Judentums und später des Christentums und Islams verbreitete sich die monotheistische Vorstellung eines allmächtigen Gottes weltweit. Der Monotheismus verdrängte nach und nach viele polytheistische Religionen, die einst große Reiche wie Mesopotamien, Ägypten und Griechenland geprägt hatten. Doch die Spuren des Polytheismus sind bis heute in vielen Aspekten von Kultur, Ritualen und sogar im Denken der monotheistischen Religionen zu finden.

Dieser Übergang von einer Welt voller Götter zu einer Welt mit einem einzigen Gott spiegelt nicht nur eine Veränderung der religiösen Vorstellungen wider, sondern auch eine tiefe Umwälzung der menschlichen Psyche. Der Monotheismus bot den Menschen eine neue Art des Denkens über ihre Beziehung zur Welt und zu den anderen Menschen. Die 10 Gebote, die als Teil dieses Prozesses entstanden, sind ein direktes Produkt dieser Transformation. Sie repräsentieren die moralischen und ethischen Prinzipien, die aus der neuen Vorstellung eines gerechten und allwissenden Gottes hervorgingen. Der Monotheismus markierte den Beginn einer neuen Ära in der Menschheitsgeschichte – eine Ära, in der moralische Verantwortung und göttliche Ordnung untrennbar miteinander verbunden waren.

Moses und der Exodus

Die biblische Grundlage der Zehn Gebote

Die biblische Geschichte von Moses und dem Exodus ist der zentrale narrative Rahmen für die Überlieferung der Zehn Gebote. Dieser Exodus, das dramatische Verlassen Ägyptens durch die Israeliten unter der Führung von Moses, ist mehr als nur eine Geschichte von Flucht und Befreiung. Es ist der Moment, in dem das Volk Israel nicht nur physisch befreit wird, sondern auch spirituell und moralisch durch die Einführung eines göttlichen Gesetzes neu geformt wird. Die Zehn Gebote, die Moses auf dem Berg Sinai empfängt, sind dabei das Herzstück dieses göttlichen Gesetzes.

Die Geschichte beginnt mit der Knechtschaft der Israeliten in Ägypten, einem Land, das in der Bibel oft als Inbegriff der Unterdrückung und des Götzendienstes dargestellt wird. Unter der Herrschaft eines Pharaos, dessen Name nicht genannt wird, erleben die Israeliten eine Zeit der harten Arbeit und der Unfreiheit. Ihre verzweifelten Gebete um Erlösung werden schließlich von Gott erhört, der Moses auswählt, um sein Volk in die Freiheit zu führen.

Moses selbst ist eine faszinierende Figur, deren Leben voller dramatischer Wendungen ist. Als Kind eines israelitischen Sklavenpaares entgeht er nur knapp dem Befehl des Pharaos, alle männlichen Neugeborenen der Israeliten töten zu lassen.

Durch die List seiner Mutter wird Moses in einem Korb aus Schilfrohr auf den Nil gesetzt und schließlich von der Tochter des Pharaos gerettet und als Prinz im ägyptischen Königshaus aufgezogen. Doch Moses' Leben verändert sich grundlegend, als er eines Tages einen ägyptischen Aufseher tötet, der einen Israeliten misshandelt. Er flieht nach Midian, wo er als Hirte lebt, bis Gott in Gestalt eines brennenden Dornbuschs zu ihm spricht.

Diese Begegnung ist der Wendepunkt in Moses' Leben. Gott offenbart sich ihm als »Ich bin, der ich bin« und beauftragt ihn, die Israeliten aus Ägypten zu führen. Moses kehrt nach Ägypten zurück, wo er zusammen mit seinem Bruder Aaron vor dem Pharao erscheint und die Freilassung des Volkes fordert. Nach einer Reihe von Plagen, die Ägypten heimsuchen und die Macht Gottes demonstrieren sollen, lässt der Pharao die Israeliten schließlich ziehen. Doch als er es sich anders überlegt und seine Streitwagen gegen die Flüchtenden schickt, kommt es zum entscheidenden Wunder: Moses teilt das Rote Meer, und das Volk Israel entkommt in die Freiheit, während die ägyptischen Verfolger in den Fluten ertrinken.

Der Exodus endet jedoch nicht mit der Flucht aus Ägypten. Im Gegenteil, das Verlassen des Landes ist erst der Beginn einer langen Reise durch die Wüste, auf der das Volk Israel nicht nur physisch, sondern auch spirituell umgestaltet wird. Die Erzählung gipfelt in der Ankunft am Berg Sinai, wo Moses den Bund zwischen Gott und dem Volk Israel erneuert. Es ist an diesem heiligen Ort, wo Moses die Zehn Gebote empfängt, die als Grundpfeiler des göttlichen Gesetzes gelten.

Die Szene auf dem Berg Sinai ist eines der dramatischsten und bedeutendsten Ereignisse der biblischen Geschichte. Moses steigt allein auf den Berg, der in Wolken und Feuer gehüllt ist. Dort spricht Gott zu ihm und übergibt ihm die Steintafeln, auf denen die Zehn Gebote eingraviert sind. Diese Gebote repräsentieren nicht nur die moralischen Prinzipien, die das Verhalten der Israeliten untereinander und gegenüber Gott regeln sollen, sondern auch die Grundlage für eine neue Art des Zusammenlebens, die auf Gerechtigkeit, Respekt und einer tieferen Beziehung zu Gott basiert.

In der biblischen Darstellung ist die Übergabe der Zehn Gebote der Höhepunkt des göttlichen Plans für das Volk Israel. Die Gebote sind nicht einfach nur Vorschriften, sie sind ein Bund. Sie markieren den Übergang von einer einfachen Stammesgemeinschaft zu einem Volk, das nach einem höheren moralischen Kodex lebt. Die Einhaltung dieser Gebote wird als Bedingung für den Fortbestand des göttlichen Schutzes und Segens dargestellt. Die Zehn Gebote symbolisieren den Abschluss der Befreiung aus Ägypten und die Neuschöpfung einer Gemeinschaft unter Gottes Gesetz.

Doch die Geschichte des Exodus und die Übergabe der Gebote sind auch voller Herausforderungen. Während Moses auf dem Berg ist, wenden sich die Israeliten schnell vom Glauben ab und schaffen sich ein goldenes Kalb, das sie als Götzen verehren. Diese Episode zeigt die Versuchungen und Schwierigkeiten, mit denen das Volk Israel in seiner Beziehung zu Gott konfrontiert ist. Der Bruch der Gebote durch den Götzendienst wird als schwerwiegendes Vergehen angesehen, und Moses zerschmettert die ersten Tafeln in Zorn. Doch durch Gottes Gnade wird der Bund erneuert, und Moses erhält eine neue Version der Steintafeln, die schließlich zur Grundlage für das moralische und religiöse Leben der Israeliten wird.

Die Geschichte von Moses und dem Exodus, wie sie in der Bibel erzählt wird, ist also nicht nur eine Geschichte von Flucht und Befreiung. Sie ist die Erzählung von der Geburt eines Volkes, das durch göttliche Gesetze geformt wird. Die Zehn Gebote, die in dieser Geschichte eine zentrale Rolle spielen, sind mehr als nur Vorschriften. Sie sind ein Ausdruck des göttlichen Willens und der moralischen Ordnung, die das Leben des Volkes Israel leiten sollen. Sie stellen einen Höhepunkt in der Beziehung zwischen Gott und den Menschen dar und haben sich in den folgenden Jahrtausenden als eine der wichtigsten moralischen Grundlagen der Menschheitsgeschichte etabliert.

Die zehn Worte

Eine erste Analyse der Gebote

Die Zehn Gebote, auch als Dekalog bekannt, sind ein einzigartiges Regelwerk, das sowohl in religiöser als auch in ethischer Hinsicht eine tiefe Bedeutung hat. Sie werden oft als die ›zehn Worte‹ bezeichnet, was auf die wörtliche Übersetzung aus dem Hebräischen verweist, und sie gelten als die zentralen moralischen Vorschriften, die Gott den Israeliten über Moses offenbarte. Doch jenseits ihrer religiösen Bedeutung ist es ihre moralische und gesellschaftliche Tiefe, die sie so bedeutend macht. Eine erste Analyse zeigt, dass jedes Gebot eine spezifische Dimension menschlichen Verhaltens anspricht, die weit über die religiöse Ausrichtung hinausgeht.

Die ›zehn Worte‹ beginnen mit der klaren Aufforderung, Gott als den einzigen wahren Gott anzuerkennen. Dies ist nicht nur eine religiöse Vorschrift, sondern auch eine ethische Grundlage für die Loyalität und die Integrität des Einzelnen gegenüber den höchsten moralischen Prinzipien. Im Kontext der damaligen polytheistischen Welt, in der unzählige Götter verehrt wurden, ist diese Forderung revolutionär. Sie bringt den Glauben an einen einzigen, universalen Gott zum Ausdruck, der über allem steht und das Universum nicht nur geschaffen hat, sondern es auch lenkt.

Das Gebot, den Namen Gottes nicht zu missbrauchen, scheint auf den ersten Blick eine rein religiöse Forderung zu sein, doch es enthält eine tiefere ethische Botschaft. Es appelliert an den Respekt vor dem Heiligen und mahnt zur Ehrfurcht im Umgang mit Worten. Das Gebot zeigt, wie Sprache die Wirklichkeit formt und die moralische Verantwortung, die mit der Sprache einhergeht. In einer Welt, in der das Wort oft als Versprechen oder Schwur galt, unterstreicht dieses Gebot die Bedeutung von Aufrichtigkeit und Wahrhaftigkeit.

Die Aufforderung, den Sabbat zu heiligen, stellt einen weiteren Bruch mit der täglichen Routine dar. In einer Zeit, in der die Arbeitskraft das Überleben sicherte, ist der Sabbat als Ruhetag eine außergewöhnliche ethische Forderung. Es geht nicht nur um die körperliche Erholung, sondern auch um eine Zeit der Besinnung und der Spiritualität. Der Sabbat schafft eine regelmäßige Pause, in der der Mensch sich von den Anforderungen des Alltags lösen und sich auf das Wesentliche, nämlich seine Beziehung zu Gott und der Gemeinschaft, konzentrieren kann.

Eines der Gebote, das besonders hervorsticht, ist die Aufforderung, Vater und Mutter zu ehren. Dieses Gebot hat nicht nur religiöse, sondern auch starke soziale Implikationen. In einer Zeit, in der die Familie die zentrale soziale Einheit bildete, war der Respekt vor den Eltern und den älteren Generationen eine Grundlage für den Zusammenhalt der Gemeinschaft. Dieses Gebot schafft eine Verbindung zwischen den Generationen und fordert, die Weisheit und Erfahrung der Vorfahren zu schätzen. Es ist auch eine Anerkennung der Verantwortung, die jede Generation für die nächste trägt.

Die moralische Bedeutung der Zehn Gebote zeigt sich besonders in den Vorschriften, die sich mit dem zwischenmenschlichen Verhalten befassen. Das Verbot des Mordes ist offensichtlich eine fundamentale ethische Grundlage. Doch es geht dabei nicht nur um das physische Leben, sondern auch um die Integrität des Menschen. Es fordert Respekt vor der Würde des Einzelnen und setzt eine moralische Schranke gegen Gewalt und Unterdrückung. In einer Welt, in der das Recht des Stärkeren oft das Überleben bestimmte, war dieses Gebot eine deutliche Absage an die Willkür und die Macht der Gewalt.

Ähnlich verhält es sich mit den Geboten, die den Besitz und die Wahrheit schützen. Das Verbot des Diebstahls und des falschen Zeugnisses sind nicht nur juristische Normen, sondern tief verwurzelte moralische Forderungen. Sie fördern Vertrauen und Ehrlichkeit in der Gemeinschaft und stellen sicher, dass jeder Mensch das Recht auf Eigentum und Gerechtigkeit hat. Diese Gebote schaffen eine moralische Basis für den sozialen Frieden und den Schutz der Schwächeren, die oft die Opfer von Ungerechtigkeiten sind.

Ein besonders interessantes Gebot ist das Verbot des Begehrens. Dieses Gebot geht über das äußere Verhalten hinaus und richtet sich an das innere Verlangen des Menschen. Es appelliert an die Kontrolle der inneren Regungen und Gedanken, die letztlich das äußere Verhalten beeinflussen. Dieses Gebot ist eine Aufforderung zur Selbstdisziplin und zur inneren Zufriedenheit. Es fordert, das eigene Leben und das eigene Glück in den Mittelpunkt zu stellen, anstatt ständig nach dem Besitz oder den Beziehungen anderer zu streben.

Diese erste Analyse zeigt, dass die Zehn Gebote nicht nur religiöse Vorschriften sind, sondern einen universellen moralischen Anspruch erheben. Sie ordnen das Verhältnis des Menschen zu Gott und zu seinen Mitmenschen auf eine Art und Weise, die sowohl die spirituelle als auch die ethische Dimension des Lebens berührt. Die Gebote sind einfach und klar formuliert, doch sie greifen tief in das menschliche Verhalten und Denken ein und schaffen eine moralische Ordnung, die bis heute in vielen Gesellschaften von großer Bedeutung ist.

Die ›zehn Worte‹ sind somit nicht nur ein Produkt ihrer Zeit, sondern sie tragen eine Botschaft, die zeitlos ist. Sie sind der Versuch, universelle Prinzipien zu formulieren, die das Zusammenleben der Menschen ordnen und eine höhere moralische Ordnung widerspiegeln. Ihre Relevanz bleibt bestehen, nicht nur als religiöse Grundlage, sondern als ethisches Fundament für das Leben in Gemeinschaft.

Die Symbolik der Zahl 10

Warum keine 12?

Die Wahl der Zahl 10 für die Gebote birgt eine tiefere symbolische Bedeutung, die weit über eine bloße Aufzählung von Regeln hinausgeht. In der antiken Welt war die Zahl 12 stark präsent – sie tauchte in Kalendern, mythologischen Erzählungen und in der Struktur von Götterwelten auf. Warum also nur zehn Gebote, wenn die Zahl 12 als Vollzahl galt und oft mit Ordnung und Vollkommenheit verbunden wurde?

Zunächst steht die Zahl 10 in engem Zusammenhang mit der natürlichen menschlichen Erfahrung. Das Dezimalsystem, das sich an den zehn Fingern orientiert, hat die Art und Weise, wie die Menschen Zahlen und Maßeinheiten verstehen, stark geprägt. Die Greifbarkeit und Einfachheit der Zahl 10 als Grundlage für Zählungen und Berechnungen spiegeln sich möglicherweise auch in der Wahl der Zehn Gebote wider. Es könnte sein, dass die 10 als vollständige und praktische Einheit empfunden wurde – etwas, das leicht zu merken und in alltäglichen Kontexten anwendbar war.

Doch die Zahl 10 hat auch eine spirituelle und moralische Dimension. In vielen Kulturen und religiösen Traditionen steht sie symbolisch für Vollständigkeit, Perfektion und göttliche Ordnung. Im Judentum beispielsweise finden sich tiefe Verbindungen zur Zahl 10 in der Kabbala, wo die zehn Sefirot die göttlichen Emanationen darstellen, durch die Gott das Universum lenkt. Diese spirituelle Bedeutung verleiht der Zahl eine metaphysische Tiefe, die sie ideal für die Formulierung eines moralischen Kodex wie den Zehn Geboten macht.

Interessanterweise könnte die Entscheidung, die Gebote auf zehn zu begrenzen, auch eine bewusste Abkehr von der polytheistischen Symbolik der Zahl 12 sein. In vielen polytheistischen Religionen spielte die 12 eine herausragende Rolle – sei es bei den olympischen Göttern des griechischen Pantheons, den 12 Monaten des Mondkalenders oder den 12 Sternzeichen des Tierkreises. Durch die Konzentration auf 10 anstelle von 12 könnte der Monotheismus eine eigene, vom Polytheismus getrennte symbolische Identität entwickelt haben.

Die 12 wird in der Bibel jedoch nicht völlig ignoriert. Im Judentum spielt die Zahl eine wichtige Rolle, besonders in den 12 Stämmen Israels. Auch im Christentum finden wir die 12 Apostel als Repräsentanten dieser symbolischen Zahl wieder. Doch während die 12 oft kosmische Ordnung und Zeitzyklen repräsentiert, steht die 10 für ethische und moralische Ganzheit, die in sich abgeschlossen ist.

In gewisser Weise könnte man sagen, dass die 10 Gebote eine Brücke zwischen dem Irdischen und dem Himmlischen schlagen. Sie ordnen das Leben des Menschen auf der Erde, aber sie tun dies im Bewusstsein einer höheren, göttlichen Ordnung. Während die 12 den natürlichen Kreislauf von Zeit und Raum betont, setzt die 10 auf moralische Klarheit und einen universellen Rahmen, der in die menschliche Erfahrung und Wahrnehmung eingebettet ist.

Somit ist die Wahl der Zahl 10 für die Gebote sowohl pragmatisch als auch symbolisch zu verstehen. Sie reduziert die Komplexität der Welt auf ein überschaubares Regelwerk, das leicht zugänglich ist, während sie gleichzeitig den universellen Anspruch einer göttlichen Ordnung verkörpert. Die 10 Gebote sind in ihrer Einfachheit nicht nur ein ethischer Leitfaden, sondern auch ein symbolischer Ausdruck einer göttlichen Ganzheit, die sich in das tägliche Leben des Einzelnen übersetzt.

Der Sinai

Die geografische und spirituelle Bedeutung des Ortes

Der Berg Sinai ist nicht nur ein geografischer Ort, sondern ein spirituelles Zentrum der biblischen Erzählung, in dem die Begegnung zwischen Gott und Mensch auf dramatische Weise verankert ist. In der Wüste, weit entfernt von den Siedlungen und Zivilisationen der damaligen Zeit, erhebt sich dieser Berg als ein einsamer, imposanter Gipfel, der die Kargheit der Landschaft durch seine spirituelle Bedeutung überragt. Hier, abseits von menschlichen Behausungen und kulturellen Zentren, offenbart sich die göttliche Präsenz in einer Weise, die das Volk Israel für immer prägen sollte.

Geografisch betrachtet ist der Sinai eine unwirtliche und raue Region, deren karges Terrain und extremes Klima das Überleben zu einer Herausforderung machen. Doch genau in dieser Abgeschiedenheit offenbart sich die Symbolik des Ortes. Der Sinai steht für die Trennung von der alten Welt der Knechtschaft in Ägypten und für den Neuanfang eines Volkes, das durch die Wüste zieht, um eine neue Identität zu finden. Die raue Natur des Berges und der umliegenden Wüste spiegelt den Übergang von der Versklavung hin zur Befreiung wider – nicht nur auf physischer Ebene, sondern auch auf spiritueller. Hier, fernab der menschlichen Gesellschaft, ist der Mensch allein mit Gott und seiner eigenen Sterblichkeit konfrontiert.

Spirituell betrachtet wird der Sinai zum heiligen Ort der Offenbarung, wo das Heilige das Profane durchdringt. Die Bibel beschreibt den Berg als von Wolken, Blitz und Donner umhüllt, Zeichen der göttlichen Macht und Majestät. Diese Elemente der Natur – die unergründliche Tiefe der Wolken, die plötzliche Wucht des Donners – vermitteln den Israeliten die unerreichbare Größe Gottes. Der Berg Sinai wird so zu einem Symbol der Distanz zwischen der göttlichen Sphäre und der menschlichen Welt, während Moses als Vermittler zwischen diesen beiden Welten auftritt.

Die Einsamkeit und Isolation des Sinai verleihen der Begegnung eine besondere Reinheit und Authentizität. In der Abgeschiedenheit des Berges, weit weg von den Ablenkungen des Alltagslebens, kann sich das Volk Israel auf seine spirituelle Transformation konzentrieren. Hier, im Angesicht des Göttlichen, wird der Bund zwischen Gott und den Israeliten erneuert, und die Zehn Gebote werden als göttliche Weisung direkt von Gott zu Moses gegeben.

Der Sinai ist damit nicht nur geografisch von Bedeutung, sondern stellt eine spirituelle Schwelle dar, an der das Volk Israel seine Vergangenheit hinter sich lässt und seine Zukunft als Volk Gottes annimmt.

Die Zehn Gebote als ethisches Fundament

Die Zehn Gebote bilden das ethische Fundament, auf dem die moralische Struktur von Gesellschaften über Jahrtausende gewachsen ist. Sie sind nicht nur religiöse Vorschriften, sondern universelle Leitlinien, die das menschliche Zusammenleben regeln und eine ethische Orientierung bieten, die weit über die israelitische Kultur hinausgeht.

Im Kern zielen die Zehn Gebote darauf ab, eine Balance zwischen dem Individuum und der Gemeinschaft zu schaffen, indem sie Respekt, Gerechtigkeit und Mitgefühl fördern. Sie stellen Grundprinzipien dar, die sowohl das Verhalten gegenüber Gott als auch gegenüber anderen Menschen regeln. In einer Zeit, in der staatliche Rechtsstrukturen noch in den Kinderschuhen steckten, boten die Gebote einen universellen moralischen Rahmen, der sich auf ethische Grundwerte wie das Recht auf Leben, Eigentum und Gerechtigkeit stützte.

Die Zehn Gebote erheben nicht nur den Anspruch, Verhaltensweisen zu regulieren, sondern sie definieren auch, was es bedeutet, als moralisches Wesen in der Welt zu leben. Sie geben dem menschlichen Handeln einen Sinn, der über das rein Profane hinausgeht, und verlangen von jedem Einzelnen eine ethische Reflexion und Selbstdisziplin. Durch das Verbot von

Mord, Diebstahl und Lüge wird das menschliche Zusammenleben strukturiert und der soziale Frieden gefördert. Darüber hinaus stellen die Gebote den Einzelnen in eine Verantwortung gegenüber dem göttlichen Willen und gegenüber seiner Gemeinschaft.

Die Bedeutung der Zehn Gebote als ethisches Fundament geht auch auf die Tatsache zurück, dass sie auf grundlegenden universellen Werten beruhen, die in nahezu allen Gesellschaften als grundlegend anerkannt werden. Die Forderung nach Ehrlichkeit, Achtung des Eigentums und Respekt vor dem Leben ist ein Ausdruck des universellen moralischen Anspruchs, den diese Gebote verkörpern. In diesem Sinne sind sie nicht nur religiöse Regeln, sondern ethische Maximen, die das Gute und das Gerechte definieren.

Im Laufe der Jahrtausende haben sich die Zehn Gebote zu einem moralischen Anker entwickelt, auf den sich viele rechtliche und ethische Systeme gestützt haben. Auch wenn sie ursprünglich in einem religiösen Kontext entstanden sind, haben sie ihre Bedeutung über religiöse Grenzen hinaus bewahrt. Ihr ethisches Fundament bleibt auch in der modernen Welt relevant, wo sie als allgemeine moralische Richtlinien für das menschliche Zusammenleben fungieren.

Indem sie den Rahmen für ethisches Verhalten schaffen, wirken die Zehn Gebote als Brücke zwischen religiösen Traditionen und säkularen Werten, indem sie Grundprinzipien der Gerechtigkeit und des Mitgefühls fördern. Sie bleiben eine zeitlose Quelle moralischer Orientierung.

Die mündliche Überlieferung

Vom Erzählen zum Schreiben

Bevor die Zehn Gebote in steinerne Tafeln gemeißelt oder in Schriften festgehalten wurden, existierten sie in einer Welt, in der mündliche Überlieferung die primäre Form der Wissensweitergabe war. In den frühen Kulturen des Nahen Ostens war das geschriebene Wort eine Seltenheit, und der Großteil der Bevölkerung war Analphabet. Geschichten, Gesetze und Glaubensinhalte wurden von Generation zu Generation durch das gesprochene Wort weitergegeben. In dieser Welt spielte das Erzählen eine zentrale Rolle.

Mündliche Traditionen waren lebendig, dynamisch und oft an Rituale und feierliche Zusammenkünfte gebunden. Sie waren nicht nur eine Methode, Informationen weiterzugeben, sondern dienten auch dazu, das kollektive Gedächtnis einer Gemeinschaft zu bewahren. Die Zehn Gebote, die moralischen Grundsätze der israelitischen Gemeinschaft, wurden sicherlich lange vor ihrer Verschriftlichung durch mündliche Überlieferungen weitergetragen. Dies war eine Zeit, in der Geschichten und Gesetzeskorpora in Form von leicht einprägsamen und symbolisch aufgeladenen Erzählungen vermittelt wurden.

Die mündliche Tradition bot jedoch auch Herausforderungen. Sie war anfällig für Veränderungen und Verzerrungen, da das Erinnern und Weitergeben von Worten durch den Erzähler subjektiv beeinflusst werden konnte. Diese Flexibilität machte es notwendig, dass das Erzählte regelmäßig überprüft und von anerkannten Ältesten oder Priestern bestätigt wurde. In der mündlichen Überlieferung trug jede neue Generation die Verantwortung, den ursprünglichen Sinn zu bewahren und weiterzutragen, auch wenn die Formulierungen möglicherweise variierten.

Die Verschriftlichung der Zehn Gebote markierte einen entscheidenden Wandel. Die Notwendigkeit, diese moralischen Grundsätze festzuhalten, entstand möglicherweise aus dem Bedürfnis nach Beständigkeit und Verlässlichkeit. Die zunehmende Verbreitung der Schrift ermöglichte es, dass die Gebote unverändert durch die Zeit überliefert werden konnten. Schrift bot eine Form der Autorität, die über das gesprochene Wort hinausging. Was einmal geschrieben stand, galt als unveränderlich, dauerhaft und verbindlich.

Die Verschriftlichung der Zehn Gebote bedeutete jedoch nicht das Ende der mündlichen Tradition. Vielmehr existierten beide Formen nebeneinander, und die Schrift festigte, was das Erzählen über Jahrhunderte geprägt hatte. Die Gebote wurden weiterhin erzählt, in feierlichen Ritualen und Versammlungen zitiert und in Predigten veranschaulicht. Doch durch die Schrift erhielten sie eine neue Dimension der Beständigkeit. Sie wurden nicht mehr nur als gesprochene Worte weitergegeben, sondern als ein fester, unveränderlicher Teil des göttlichen Gesetzes.

In der Verschriftlichung der Zehn Gebote zeigt sich der Übergang von einer flüchtigen, sich stets wandelnden mündlichen Überlieferung zu einer dauerhaften schriftlichen Form. Dies ermöglichte es, dass die Gebote nicht nur innerhalb der israelitischen Gemeinschaft Bestand hatten, sondern über Kulturen und Epochen hinweg weitergegeben wurden. Das geschriebene Wort verlieh den Geboten nicht nur eine neue Form von Beständigkeit, sondern auch eine neue Form von Heiligkeit und Autorität.

Rezeption im Judentum

Das Gesetz und der Dekalog

Im Judentum nehmen die Zehn Gebote, der Dekalog, eine herausragende Stellung ein. Sie gelten als zentraler Teil der Tora, des Gesetzes, das Gott dem Volk Israel am Berg Sinai gab. Der Dekalog ist jedoch nicht isoliert zu betrachten, sondern eingebettet in ein weites Geflecht von Gesetzen und Vorschriften, das sich über die fünf Bücher Mose erstreckt. In dieser umfassenden Gesetzessammlung sind die Zehn Gebote das ethische und spirituelle Herzstück. Sie bilden das Fundament, auf dem weitere Vorschriften und Normen aufbauen.

Der Begriff ›Gesetz‹ im Judentum bezieht sich nicht nur auf rein rechtliche Vorschriften, sondern umfasst die gesamte Lebensführung der Gläubigen. Die Tora, die fünf Bücher Mose, enthält neben dem Dekalog zahlreiche weitere Gebote, die alle Aspekte des täglichen Lebens regeln – von der religiösen Praxis bis hin zu zwischenmenschlichen Beziehungen. Dennoch sind die Zehn Gebote von besonderer Bedeutung, da sie unmittelbar von Gott an das Volk Israel übermittelt wurden und als direkter Ausdruck des göttlichen Willens gelten.

Im jüdischen Verständnis sind die Zehn Gebote nicht einfach nur Regeln, die das Verhalten der Menschen regulieren sollen, sondern sie repräsentieren die Grundprinzipien der göttlichen Ordnung. Sie fordern von den Menschen, ein moralisch aufrichtiges Leben zu führen, das in der Beziehung zu Gott und den Mitmenschen verankert ist. Das erste Gebot, das die Exklusivität des Gottesglaubens betont, stellt die Grundlage für die monotheistische Ausrichtung des Judentums dar. Die folgenden Gebote, die den Respekt vor dem Leben, dem Eigentum und der Wahrheit einfordern, spiegeln die ethischen Normen wider, die das soziale Gefüge der Gemeinschaft schützen.

Der Dekalog bildet das Kernstück des Bundes zwischen Gott und Israel. Er wird in den Synagogen und im religiösen Leben der jüdischen Gemeinschaft regelmäßig rezitiert und ist Teil der Liturgie. Doch im täglichen Leben des Einzelnen und der Gemeinschaft gehen die Gebote des Dekalogs Hand in Hand mit den vielen weiteren Vorschriften der Tora, die das jüdische Leben im Detail regeln. In der rabbinischen Tradition wird der Dekalog oft als eine Art Zusammenfassung der gesamten Tora betrachtet, wobei die weiteren Gesetze als Konkretisierungen der im Dekalog enthaltenen Prinzipien dienen.

Interessant ist die Tatsache, dass die Zehn Gebote in der jüdischen Tradition nicht unbedingt als ›höher‹ oder ›wichtiger‹ als andere Gebote der Tora betrachtet werden. Die jüdische Rechtslehre betont, dass alle Gebote gleichermaßen Ausdruck des göttlichen Willens sind und daher alle gleichermaßen beachtet werden müssen. Dennoch bleiben die Zehn Gebote in ihrer Kürze und Prägnanz ein zentrales Symbol des jüdischen Glaubens und der jüdischen Ethik.

Im Laufe der Jahrhunderte hat sich die Interpretation des Dekalogs im Judentum weiterentwickelt. Die Gebote wurden von rabbinischen Gelehrten und Philosophen immer wieder neu ausgelegt, um sie den jeweiligen gesellschaftlichen und historischen Gegebenheiten anzupassen. Diese lebendige Auslegungstradition zeigt, dass der Dekalog nicht nur ein historisches Dokument ist, sondern eine lebendige moralische Richtschnur, die bis heute das jüdische Leben prägt.

Zusammenfassend lässt sich sagen, dass die Zehn Gebote im Judentum als Fundament des göttlichen Gesetzes eine unverrückbare Bedeutung haben. Sie bilden den Kern der göttlichen Weisungen, die die Beziehung zwischen Mensch und Gott sowie die ethischen Verpflichtungen des Menschen gegenüber seinen Mitmenschen regeln. Als Teil des umfassenderen Gesetzeskorpus der Tora bieten sie sowohl eine spirituelle als auch eine moralische Grundlage, die das jüdische Leben in all seinen Facetten bestimmt.

Die Rolle der Zehn Gebote
im Christentum

Im Christentum spielen die Zehn Gebote eine zentrale Rolle als moralischer Kompass und spirituelle Grundlage. Sie sind nicht nur ein Teil der jüdischen Tradition, sondern wurden auch von Jesus und den frühen Christen als unverzichtbare ethische Leitlinien übernommen. Im Neuen Testament bezieht sich Jesus in seiner Lehre häufig auf die Gebote, wobei er deren Bedeutung vertieft und um einen spirituelleren Aspekt erweitert. So betont er, dass es nicht nur um die buchstäbliche Einhaltung der Gebote geht, sondern auch um die innere Haltung des Menschen.

Besonders deutlich wird dies in der Bergpredigt, in der Jesus die Gebote aufgreift und ihre spirituelle Dimension beleuchtet. Während das Alte Testament den Fokus auf konkrete Handlungen legt, verschiebt das Christentum den Schwerpunkt auf die Absichten und Gedanken hinter diesen Handlungen. Beispielsweise betont Jesus, dass nicht nur der Mord an sich verwerflich ist, sondern bereits der Zorn gegen den Nächsten. Auch das Gebot des Ehebruchs wird erweitert: Es reicht nicht nur aus, die Tat zu unterlassen, sondern bereits das Begehren im Herzen wird als Sünde betrachtet.

Im christlichen Glauben sind die Zehn Gebote somit nicht nur ein moralischer Rahmen für das Verhalten, sondern auch ein Ausdruck der Beziehung zwischen dem Menschen und Gott. Sie dienen als Wegweiser für ein gottgefälliges Leben und werden oft als Ausdruck von Gottes Wille für die Menschheit verstanden. Ihre Einhaltung wird als Teil der Gnade Gottes betrachtet, und während das Christentum die Bedeutung der Gebote anerkennt, liegt der Schwerpunkt auf der inneren Transformation des Menschen durch den Glauben und die Liebe zu Gott.

Die Zehn Gebote sind im Christentum integraler Bestandteil der Sakramente und der kirchlichen Lehre. In der katholischen Kirche etwa sind sie Teil der Beichte, in der Gläubige ihre Vergehen gegen die Gebote bereuen und Vergebung erlangen können. Auch in der protestantischen Tradition werden sie als unverzichtbare Grundlage des ethischen Lebens gesehen, wobei Reformatoren wie Martin Luther die Gebote als ein notwendiges Instrument zur Selbsterkenntnis und Buße betonten.

Zusammenfassend lässt sich sagen, dass die Zehn Gebote im Christentum eine doppelte Rolle spielen: Sie sind sowohl eine moralische Grundlage als auch ein spiritueller Wegweiser. Sie stellen den Kern der Beziehung zwischen Mensch und Gott dar und betonen, dass wahre Gerechtigkeit nicht nur in äußeren Handlungen liegt, sondern im Herzen und Geist des Einzelnen.

Die Zehn Gebote im Islam

Ein Vergleich

Obwohl der Islam die Zehn Gebote in ihrer spezifischen biblischen Form nicht als eigenes Gesetzessystem übernimmt, gibt es viele Gemeinsamkeiten zwischen den moralischen Prinzipien des Dekalogs und den ethischen Lehren des Islam. Im Koran und den Hadithen finden sich zahlreiche Gebote, die mit den Zehn Geboten in Resonanz stehen und ähnliche moralische und spirituelle Werte verkörpern.

Im Islam spielt die Anbetung des einen Gottes, Allah, die zentrale Rolle. Diese monotheistische Ausrichtung ähnelt dem ersten Gebot der Zehn Gebote, in dem es heißt: ›Du sollst keine anderen Götter haben neben mir.‹ Diese Betonung der Einheit Gottes ist im Islam jedoch sogar noch fundamentaler verankert, da der Glaube an die absolute Einzigartigkeit und Unteilbarkeit Gottes (Tawhid) das wichtigste Prinzip des islamischen Glaubens darstellt. Der Koran lehnt jede Form von Götzendienst (Shirk) vehement ab, was dem Verbot von Götzenbildern im Dekalog entspricht.

Auch das Gebot, den Namen Gottes nicht zu missbrauchen, hat eine Entsprechung im Islam. Im Koran wird der Missbrauch des Namens Gottes strikt untersagt. Muslime sind angehalten, Allah mit größtem Respekt zu behandeln und nicht leichtfertig oder unbedacht über Gott zu sprechen. Gottes

Namen wird oft mit der Formel ›Im Namen Gottes, des Allerbarmers, des Barmherzigen‹ ausgesprochen, was die Ehrfurcht gegenüber der göttlichen Macht verdeutlicht.

Die Verpflichtung zur Einhaltung eines Ruhetages, die im Dekalog als Sabbatgebot festgelegt ist, hat im Islam keine direkte Parallele, jedoch ist der Freitag (Jumu'ah) ein besonderer Tag für das Gebet und die Versammlung. Der Freitag wird als Tag der Gemeinschaft und der spirituellen Erneuerung angesehen, jedoch ohne das gleiche arbeitsrechtliche Gebot der Ruhe wie der Sabbat im Judentum.

Das Gebot, Vater und Mutter zu ehren, wird im Islam als eine der höchsten Pflichten des Gläubigen betrachtet. Im Koran wird mehrmals betont, dass die Achtung und der Respekt gegenüber den Eltern ein Zeichen von Frömmigkeit und Gerechtigkeit ist. In vielen Versen wird die Dankbarkeit gegenüber den Eltern in engem Zusammenhang mit der Dankbarkeit gegenüber Allah gestellt.

Die ethischen Gebote gegen Mord, Diebstahl, Ehebruch und Falschheit finden ebenfalls ihre Entsprechung im Islam. Der Koran verbietet jegliche Form von Unrecht gegenüber anderen Menschen, insbesondere Mord, Diebstahl und falsches Zeugnis. Ehebruch wird als schwere Sünde betrachtet, die mit strengen moralischen und rechtlichen Sanktionen belegt ist. Das Verbot der Lüge und des Betrugs ist ebenfalls zentral für den islamischen Moralkodex, und die Wahrhaftigkeit wird als eine der edelsten Tugenden betrachtet.

Im Vergleich zu den Zehn Geboten legt der Islam jedoch noch größeren Wert auf das Vermeiden von Neid und Begierde. Während das letzte Gebot des Dekalogs sich gegen das Begehren von Eigentum oder Partnern des Nächsten richtet, wird im Islam Neid als eine der zerstörerischsten Sünden betrachtet, die nicht nur den Einzelnen, sondern auch die Gemeinschaft schädigen kann. Der Koran und die Hadithe betonen immer wieder die Notwendigkeit, Zufriedenheit mit dem eigenen Schicksal und Besitz zu entwickeln, um spirituellen Frieden zu erlangen.

Zusammenfassend lässt sich sagen, dass die Zehn Gebote und die ethischen Prinzipien des Islam in vielen Punkten übereinstimmen. Beide Traditionen betonen den Glauben an den einen Gott, den Respekt gegenüber den Mitmenschen und die Einhaltung grundlegender moralischer Werte. Der Islam geht jedoch oft über die konkreten Gebote hinaus und erweitert sie um spirituelle und gesellschaftliche Dimensionen, die das Leben des Gläubigen in allen Bereichen prägen.

Politische und gesellschaftliche Bedeutung in der Antike

In der Antike hatten die Zehn Gebote nicht nur religiöse, sondern auch politische und gesellschaftliche Auswirkungen. Sie dienten als ethischer Leitfaden, der eine Ordnung etablierte, die weit über religiöse Pflichten hinausging. In einer Zeit, in der formale Rechtssysteme oft rudimentär waren, boten sie eine moralische Grundlage, auf der sich das Leben der Gemeinschaft organisieren ließ.

Die Antike war geprägt von politischen Instabilitäten, wechselnden Herrschaften und dem ständigen Ringen um Macht. Inmitten dieser dynamischen Entwicklungen spielten moralische Prinzipien eine entscheidende Rolle, um soziale Stabilität zu gewährleisten. Die Zehn Gebote gaben dem Volk Israel eine verbindliche Norm, die nicht nur auf göttlichem Willen beruhte, sondern auch eine Art von politischem Kodex darstellte. Sie förderten den Zusammenhalt innerhalb der Gemeinschaft und schufen klare Regeln, die halfen, Konflikte zu vermeiden.

Die Gebote regelten grundlegende gesellschaftliche Fragen, wie den Schutz des Lebens, den Respekt vor Eigentum und die Wahrhaftigkeit. Dies waren nicht nur religiöse Gebote, sondern sie bildeten den Kern einer funktionierenden Gesellschaft, die auf Gerechtigkeit und gegenseitigem Respekt beruhte. In der politisch und sozial fragmentierten Welt der Antike bedeuteten solche Grundregeln Stabilität und Ordnung. Sie boten den Menschen Orientierung in einer oft chaotischen und unvorhersehbaren Welt.

Ein entscheidender Punkt war die Verankerung dieser Gebote als eine Art ungeschriebenes Gesetz. In vielen antiken Kulturen, wie denen Mesopotamiens oder Ägyptens, wurden Rechtssysteme durch Herrscher und Priester etabliert, die jedoch oft von willkürlichen Entscheidungen abhingen. Die Zehn Gebote hingegen erhoben den Anspruch auf eine göttliche, unveränderliche Autorität. Diese transzendente Qualität verlieh den Geboten eine politische Legitimität, die sie über menschliche Machtausübung hinaus erhob. In der antiken Welt, in der religiöse und politische Macht oft miteinander verknüpft waren, wurden die Zehn Gebote als eine göttliche Ordnung angesehen, die das Volk Israel leitete.

Darüber hinaus förderten die Gebote nicht nur den inneren Frieden innerhalb der israelitischen Gemeinschaft, sondern dienten auch dazu, die Identität des Volkes gegenüber fremden Kulturen zu definieren. Während andere Völker der Antike polytheistische Gottheiten verehrten und ihre Gesetze oft als flexible Normen betrachteten, repräsentierten die Zehn Gebote eine klar definierte moralische und religiöse Identität. Dies war von politischer Bedeutung, da es das Volk Israel in einer Welt von Machtspielen und Eroberungen stabilisierte und als Gemeinschaft mit unverrückbaren ethischen Grundsätzen festigte.

Zusammengefasst hatten die Zehn Gebote in der Antike eine tiefgreifende politische und gesellschaftliche Bedeutung. Sie trugen zur Bildung einer kohärenten und stabilen Gesellschaft bei, die sich auf gemeinsame Werte und Normen stützte, und schufen eine Grundlage für das soziale und politische Leben, das sich über Jahrhunderte hinweg bewährte.

Die Zehn Gebote und
das römische Recht

Die Zehn Gebote und das römische Recht sind zwei der einflussreichsten rechtlichen und moralischen Systeme der Geschichte, die beide das Fundament westlicher Rechtstraditionen bilden. Während die Zehn Gebote als ethischer Kodex in einem religiösen Kontext entstanden und göttliche Normen für das Leben und Zusammenleben festlegten, war das römische Recht in erster Linie ein säkulares Rechtssystem, das auf praktischen, juristischen Regelungen für das öffentliche und private Leben basierte.

Trotz dieser unterschiedlichen Ursprünge gibt es zahlreiche Berührungspunkte zwischen den beiden Systemen, die sich vor allem in der Bedeutung gemeinsamer Werte wie Gerechtigkeit, Schutz des Eigentums und des Lebens widerspiegeln. Das römische Recht, das sich im Laufe der Jahrhunderte entwickelte, stellte durch seine Klarheit und Strukturiertheit ein modernes Rechtssystem dar, das von der einfachen, aber tiefgreifenden Ethik der Zehn Gebote beeinflusst war. Besonders in Fragen der persönlichen Integrität, des Vertragsrechts und des Schutzes des Eigentums gab es Überschneidungen.

Ein zentrales Gebot der Zehn Gebote, das Verbot des Mordes (›Du sollst nicht töten‹), fand im römischen Recht einen klaren juristischen Widerhall, da das römische Strafrecht den Schutz des Lebens als fundamentales Prinzip anerkannte. Mord war im römischen Recht streng verboten und wurde mit schweren Strafen geahndet. Ebenso wurden Diebstahl und Falschaussagen als schwere Vergehen im römischen Rechtssystem verfolgt, was ebenfalls eine direkte Parallele zu den Zehn Geboten darstellt.

Interessanterweise bot das römische Recht jedoch eine flexiblere Herangehensweise an ethische Fragen, da es nicht aus einem göttlichen Gebot abgeleitet war. Es war eher auf die Bedürfnisse des Staates und der Gesellschaft ausgerichtet, um Ordnung und Gerechtigkeit aufrechtzuerhalten. Die Zehn Gebote hingegen waren unveränderlich und wurden als moralische Gesetze verstanden, die über das irdische Recht hinausgingen. Der Unterschied bestand darin, dass das römische Recht vom Menschen entwickelt und an die Gegebenheiten der Zeit angepasst wurde, während die Gebote als ewig gültig galten.

Trotzdem gibt es Hinweise darauf, dass die ethischen Grundsätze der Zehn Gebote das Denken und die Entwicklung des römischen Rechts beeinflusst haben. Besonders nach der Christianisierung des Römischen Reiches unter Konstantin im 4. Jahrhundert wurden die Gebote als Teil des moralischen und rechtlichen Diskurses integriert. Das Christentum, das stark von der jüdischen Tradition geprägt war, brachte die Ethik der Zehn Gebote in die römische Rechtskultur ein, was zu einer Harmonisierung von göttlichem Gesetz und weltlichem Recht führte.

Zusammenfassend lässt sich sagen, dass die Zehn Gebote und das römische Recht trotz ihrer unterschiedlichen Ursprünge und Ziele in vielerlei Hinsicht miteinander in Resonanz standen. Beide Systeme setzten sich für Gerechtigkeit, den Schutz des Lebens und die Wahrung des Eigentums ein, wobei die Gebote eine moralische, das römische Recht eine praktische und gesellschaftliche Dimension betonten.

Der Einfluss auf westliche Rechtssysteme

Die Zehn Gebote haben einen tiefgreifenden und langanhaltenden Einfluss auf die Entwicklung westlicher Rechtssysteme ausgeübt. Obwohl sie ursprünglich als religiöse Gebote formuliert wurden, sind ihre ethischen Prinzipien in die moralischen Grundlagen der westlichen Gesellschaften eingegangen. In den europäischen Rechtsordnungen des Mittelalters, die stark vom Christentum geprägt waren, spielten die Gebote eine zentrale Rolle. Ihre moralischen Anweisungen zu Themen wie Mord, Diebstahl und Ehrlichkeit fanden direkte Entsprechungen in den rechtlichen Normen dieser Zeit.

Die Christianisierung Europas und die enge Verbindung zwischen Kirche und Staat sorgten dafür, dass die Zehn Gebote tief in das soziale und rechtliche Gefüge integriert wurden. Könige und Herrscher bezogen sich oft auf die göttlichen Gesetze, um ihre eigenen Herrschaftsansprüche zu legitimieren und die Einhaltung moralischer Normen in ihren Reichen durchzusetzen. In dieser Zeit war die Einhaltung der Gebote nicht nur eine religiöse Pflicht, sondern auch eine gesellschaftliche Erwartung, die durch Gesetze und Strafen unterstützt wurde.

Der Einfluss der Zehn Gebote auf das westliche Rechtssystem zeigt sich besonders deutlich in der Entwicklung des Naturrechts, das auf die Idee einer universellen, gottgegebenen Moral basiert. Diese Vorstellung prägte das Denken westlicher

Philosophen wie Thomas von Aquin, die die Prinzipien der Gerechtigkeit und des Gemeinwohls direkt aus der Ethik der Gebote ableiteten. Dies führte dazu, dass westliche Rechtssysteme oft nicht nur als säkulare Institutionen verstanden wurden, sondern auch als Instrumente zur Durchsetzung einer höheren moralischen Ordnung.

Im Zeitalter der Aufklärung verschob sich der Schwerpunkt hin zu säkularen Rechtssystemen, doch die ethischen Grundlagen der Zehn Gebote blieben bestehen. In der amerikanischen Unabhängigkeitserklärung und der Verfassung sind die Prinzipien des Schutzes von Leben, Eigentum und Freiheit, die in den Geboten verankert sind, klar zu erkennen. Auch in der europäischen Rechtstradition, insbesondere im Common Law und im Zivilrecht, spiegeln sich die Grundsätze der Gebote wider.

Selbst heute, in einer weitgehend säkularen Gesellschaft, sind die Zehn Gebote weiterhin von Bedeutung. Moderne westliche Rechtssysteme, die stark auf Konzepten wie Gerechtigkeit, Eigentumsrecht, und individuelle Freiheit beruhen, haben viel von den ethischen Grundsätzen der Zehn Gebote übernommen. Obwohl Religion und Recht in den meisten westlichen Gesellschaften formal getrennt sind, bleiben die grundlegenden moralischen Prinzipien, die in den Geboten formuliert wurden, tief in der Rechtskultur verankert. Sie prägen das Verständnis von Recht und Gerechtigkeit und bleiben ein unverzichtbarer Teil der westlichen Rechtstradition.

Moderne ethische Konzepte

und die Gebote

Die Zehn Gebote, obwohl vor über 3500 Jahren formuliert, haben in vielerlei Hinsicht Relevanz für moderne ethische Konzepte. Während sich die Gesellschaft und ihre Werte seither stark verändert haben, bleiben die Grundprinzipien der Gebote – wie Respekt, Ehrlichkeit und Gerechtigkeit – tief in unserem ethischen Verständnis verankert. Moderne ethische Konzepte wie Menschenrechte, soziale Gerechtigkeit und individuelle Freiheit lassen sich oft auf diese alten moralischen Grundsätze zurückführen, die durch die Gebote vermittelt werden.

Die Debatte um die Aktualität der Zehn Gebote in der modernen Welt kreist oft um die Frage, wie universell diese moralischen Normen sind. In der globalisierten Welt des 21. Jahrhunderts, die von Pluralismus, Wissenschaft und Säkularismus geprägt ist, könnten die Gebote auf den ersten Blick als veraltet oder begrenzt erscheinen. Doch auf einer tieferen Ebene bleibt ihre Bedeutung bestehen, da sie universelle ethische Prinzipien verkörpern, die in vielen philosophischen und ethischen Theorien eine zentrale Rolle spielen.

Nehmen wir beispielsweise den Schutz des Lebens und den Respekt vor dem Eigentum – beides Grundprinzipien in den

Geboten. Diese Prinzipien finden sich heute in nahezu allen modernen Rechtssystemen und philosophischen Konzepten wieder. Das Verbot des Mordes und des Diebstahls bleibt ein zentraler Bestandteil moderner ethischer Überlegungen und ist ein unverzichtbares Element für das Funktionieren von Gesellschaften.

Ein weiteres Beispiel ist die Bedeutung von Ehrlichkeit und Integrität, die sowohl in den Zehn Geboten als auch in modernen ethischen Theorien betont wird. Das Gebot, kein falsches Zeugnis abzulegen, ist eine Aufforderung zur Wahrheit und Gerechtigkeit. Diese moralische Grundlage ist bis heute in ethischen Systemen verankert, die den Wert der Aufrichtigkeit, des Vertrauens und der Transparenz hochhalten. In einer Zeit, in der ›Fake News‹ und Desinformation eine zentrale Herausforderung darstellen, ist dieses Gebot aktueller denn je.

Moderne ethische Konzepte, insbesondere im Bereich der Menschenrechte, gehen oft über die spezifischen Gebote hinaus und betonen Aspekte wie Gleichheit und individuelle Freiheit. Hier wird die Frage relevant, inwieweit die Gebote, die in einer patriarchalischen und religiös geprägten Gesellschaft entstanden sind, auf die heutige säkulare und pluralistische Welt anwendbar sind. Dennoch bilden die Gebote einen moralischen Ausgangspunkt, von dem aus sich viele moderne Rechte und Freiheiten entwickelt haben.

Das Gebot der sozialen Verantwortung, das in den Geboten mitschwingt, findet heute in ethischen Konzepten wie dem

Utilitarismus oder der Vertragstheorie von John Rawls seinen Widerhall. Beide Theorien betonen die Notwendigkeit, das Wohl der Gemeinschaft und das Recht auf ein gerechtes und friedliches Zusammenleben zu fördern. In dieser Hinsicht sind die Zehn Gebote nicht nur individuelle moralische Vorschriften, sondern auch Richtlinien für den Aufbau einer gerechten und stabilen Gesellschaft.

Während moderne ethische Konzepte oft auf Rationalität und philosophische Theorien zurückgreifen, bieten die Zehn Gebote eine ethische Grundlage, die sowohl für Gläubige als auch für Nichtgläubige Bedeutung hat. Ihre Einfachheit und Klarheit ermöglichen es, sie in verschiedenen ethischen Systemen zu verankern und als grundlegendes moralisches Prinzip zu verwenden. Sie bleiben eine Brücke zwischen den ältesten moralischen Überlieferungen der Menschheit und den ethischen Herausforderungen der modernen Welt.

Kritik und Kontroversen

Sind die Gebote zeitlos?

Die Zehn Gebote haben zweifellos eine zentrale Rolle in der Entwicklung ethischer und moralischer Systeme gespielt. Doch die Frage, ob sie als zeitlos betrachtet werden können, wirft eine Reihe von Kontroversen und Kritiken auf. Ihre Formulierung, vor über 3500 Jahren in einer patriarchalischen, vorwissenschaftlichen Gesellschaft entstanden, wird heute oft als unzureichend angesehen, um die Komplexität moderner moralischer Herausforderungen vollständig abzubilden.

Kritiker argumentieren, dass die Gebote in vielerlei Hinsicht zu stark an die damalige Welt gebunden sind, um als universeller moralischer Kodex in einer globalen und pluralistischen Gesellschaft zu dienen. Sie sind tief in einer monotheistischen Weltanschauung verwurzelt, die sich auf das jüdisch-christliche Verständnis von Gott und Gemeinschaft stützt. Doch diese religiöse Prägung kann in einer zunehmend säkularen Welt als Hindernis für ihre Anwendung auf Menschen unterschiedlicher Glaubensrichtungen oder ohne religiöse Bindung gesehen werden.

Ein weiterer Punkt der Kritik betrifft die Tatsache, dass die Gebote vor allem auf Grundsätze abzielen, die das individuelle Verhalten innerhalb einer kleinen, fest strukturierten Gemeinschaft regeln. Moderne Gesellschaften, die durch Globalisierung, technologische Entwicklungen und wirtschaftliche Komplexität geprägt sind, stellen moralische Herausforderungen, die in den Geboten nicht thematisiert werden. Themen wie Umweltschutz, soziale Gerechtigkeit auf globaler Ebene, oder technologische Ethik (z.B. KI oder Gentechnik) kommen in den Zehn Geboten nicht vor und werfen Fragen nach der Aktualität dieses Regelwerks auf.

Es gibt auch Kontroversen über das Geschlechterverständnis und die soziale Hierarchie, die in den Geboten mitschwingt. Einige der Gebote, wie das Verbot des Begehrens des ›Besitzes‹ des Nächsten, einschließlich der Frau, spiegeln ein patriarchales Weltbild wider, das heute als veraltet und problematisch angesehen wird. Diese spezifische gesellschaftliche Prägung der Gebote lässt Zweifel aufkommen, ob sie in ihrer ursprünglichen Form noch als ethisches Ideal in modernen, gleichberechtigten Gesellschaften fungieren können.

Auf der anderen Seite gibt es viele Verteidiger der Gebote, die argumentieren, dass ihre wesentlichen Grundsätze universell und zeitlos sind. Die Aufforderungen, das Leben zu schützen, Ehrlichkeit zu üben, die Integrität des Individuums zu wahren und die Gemeinschaft zu respektieren, sind Werte, die in fast allen modernen ethischen Systemen eine zentrale Rolle spielen. Die Gebote bieten nach wie vor eine moralische Grundlage, auf der komplexere moderne Ethiken aufgebaut werden können.

Ein anderer wichtiger Aspekt der Diskussion ist die Rolle der Gebote in der persönlichen Moralität. Auch wenn sie in rechtlicher oder gesellschaftlicher Hinsicht als unvollständig erscheinen mögen, dienen sie vielen Menschen weiterhin als persönlicher moralischer Kompass. Die Gebote bieten klare, leicht verständliche Prinzipien, die Menschen durch das tägliche Leben führen können, unabhängig von den Herausforderungen und Veränderungen, die die moderne Welt mit sich bringt.

Zusammengefasst lassen sich die Gebote als zeitlos betrachten, wenn man ihre Grundwerte betrachtet, die den Schutz des Lebens, der Gemeinschaft und der Wahrheit betonen. Doch in ihrer ursprünglichen Form erweisen sie sich als unvollständig, wenn es darum geht, die moralischen und ethischen Herausforderungen einer globalisierten und technologisierten Welt zu bewältigen. Die Frage nach ihrer Zeitlosigkeit bleibt daher eine offene Debatte, in der ihre universellen Werte auf ihre moderne Anwendbarkeit hin geprüft werden müssen.

Philosophische Perspektiven

auf die Gebote

Die Zehn Gebote bieten einen faszinierenden Ausgangspunkt für philosophische Reflexionen über Ethik, Moral und das Verhältnis des Menschen zu Gott und seinen Mitmenschen. Aus philosophischer Sicht stellen die Gebote nicht nur religiöse Anweisungen dar, sondern symbolisieren auch eine universelle Ethik, die tief in der menschlichen Erfahrung verwurzelt ist.

In der Tradition des westlichen Denkens haben Philosophen wie Immanuel Kant und Thomas von Aquin die Gebote als Grundgerüst für eine universelle Moral betrachtet. Kant sah in ihnen eine Vorwegnahme seines kategorischen Imperativs: eine universelle Regel, die als Gesetz für jeden gelten sollte. Die Gebote, insbesondere jene, die zwischenmenschliche Beziehungen regeln, können als Ausdruck dieses Imperativs verstanden werden – ›Du sollst nicht töten‹ oder ›Du sollst nicht stehlen‹ sind universelle Anweisungen, die unabhängig von Religion oder Kultur als ethische Maximen fungieren können.

Thomas von Aquin, der sich stark auf die christliche Tradition stützte, interpretierte die Gebote als natürliche Gesetze, die von der Vernunft des Menschen erfasst werden können. Er argumentierte, dass die Gebote nicht nur göttliche Offenbarungen seien, sondern dass sie auch in der menschlichen Natur verankert sind und die Prinzipien widerspiegeln, die für das gute Leben notwendig sind. In dieser Hinsicht sind die Gebote nicht bloß göttliche Befehle, sondern Ausdruck dessen, was der Mensch durch seine Vernunft als richtig und gerecht erkennt.

Philosophisch gesehen eröffnen die Gebote auch die Frage nach der Grundlage der Moral: Ist Moral objektiv und universell, wie in den Geboten suggeriert, oder ist sie eher kontextabhängig und durch gesellschaftliche Normen geprägt? Für Anhänger des religiösen Denkens, insbesondere des göttlichen Gebotsprinzips, bieten die Zehn Gebote eine festgelegte, unveränderliche Grundlage für Moral, die außerhalb des Menschen liegt und von Gott festgelegt wurde. Doch Kritiker dieses Ansatzes, wie Nietzsche, argumentieren, dass moralische Normen wie die Gebote Konstrukte sind, die von einer herrschenden Klasse etabliert wurden, um Machtstrukturen aufrechtzuerhalten.

Der moderne ethische Diskurs, insbesondere im Bereich der Säkularisierung, stellt die Gebote auch in einen neuen Kontext. Viele zeitgenössische Philosophen betonen, dass ethische Prinzipien zwar in den Geboten zu finden sind, jedoch nicht von einem göttlichen Befehl abhängig sein müssen. Sie argumentieren, dass Werte wie Gerechtigkeit, Respekt vor dem Leben und die Notwendigkeit von sozialem Zusammenhalt universell sind und unabhängig von einem religiösen Kontext als moralische Grundlage dienen können.

Ein anderer philosophischer Ansatz untersucht die Gebote in Bezug auf ihre teleologische Funktion – also die Frage, welches Ziel sie verfolgen. Die Gebote scheinen darauf abzuzielen, eine Gemeinschaft zu ordnen, das menschliche Zusammenleben zu regulieren und den Einzelnen auf einen Weg der moralischen und spirituellen Erfüllung zu führen. Doch in der philosophischen Diskussion bleibt die Frage offen, ob diese Ziele immer noch zeitgemäß sind und ob die Gebote in ihrer ursprünglichen Form den heutigen Anforderungen an ethische Reflexionen und gesellschaftliche Dynamiken gerecht werden.

Schließlich eröffnen die Gebote eine Debatte über die Natur des freien Willens. Die Gebote, die klare Anweisungen für richtiges und falsches Verhalten geben, implizieren, dass der Mensch die Freiheit hat, zwischen Gut und Böse zu wählen. Doch diese Freiheit wird durch die göttliche Autorität eingeschränkt, die bestimmte Handlungen klar verbietet. Hierin liegt ein zentraler philosophischer Konflikt: Wie verhält sich die göttliche Autorität zu der Autonomie des Individuums, das seine eigenen moralischen Entscheidungen treffen möchte?

Zusammenfassend betrachtet, sind die Zehn Gebote aus philosophischer Sicht weit mehr als nur religiöse Vorschriften. Sie fordern das menschliche Denken in Fragen der Ethik, der Natur der Moral und des freien Willens heraus. Ihre fortwährende Bedeutung, ob in theologischer, ethischer oder säkularer Perspektive, liegt in ihrer Fähigkeit, grundlegende moralische Fragen aufzuwerfen und eine Brücke zwischen göttlicher Weisung und menschlicher Vernunft zu schlagen.

Zeitgemäße Interpretation

Anpassung an moderne Gesellschaften

Die Zehn Gebote, die vor über 3500 Jahren entstanden, stehen heute vor der Herausforderung, in einer modernen, sich stetig wandelnden Gesellschaft relevant zu bleiben. Ihre ursprüngliche Form und Botschaft, die für eine vorwiegend agrarische und patriarchalisch organisierte Gemeinschaft gedacht war, muss an die Werte und Realitäten der Gegenwart angepasst werden, ohne ihre Kernprinzipien zu verlieren. Diese Anpassung ist nicht nur eine intellektuelle Aufgabe, sondern auch eine notwendige Reflexion darüber, wie universelle moralische Prinzipien in einer pluralistischen und technologisch fortgeschrittenen Welt interpretiert werden können.

Ein zentraler Punkt in der zeitgemäßen Interpretation der Gebote ist ihre ethische Essenz. Die Gebote, die einst als religiöse Direktiven formuliert wurden, können heute als grundlegende moralische Richtlinien betrachtet werden, die nicht an eine spezifische Religion gebunden sind. Prinzipien wie das Verbot von Mord, Diebstahl oder Lüge sind universell und finden in fast allen modernen Rechtssystemen ihre Entsprechung. Diese Gebote bilden eine ethische Grundlage, die unabhängig von religiösen Überzeugungen Gültigkeit hat. In einer globalisierten Welt, die von vielfältigen Glaubensrichtungen und Kulturen geprägt ist, können diese universellen Werte als

Brücke dienen, um unterschiedliche Gesellschaften moralisch zu vereinen.

Ein weiterer Aspekt der Anpassung an moderne Gesellschaften betrifft die Art und Weise, wie die Gebote heute verstanden und interpretiert werden. Während das Gebot ›Du sollst nicht töten‹ in seiner ursprünglichen Form klar erscheint, wird es in der heutigen Zeit erweitert, um nicht nur physische Gewalt, sondern auch psychische und strukturelle Gewalt miteinzubeziehen. Soziale Ungerechtigkeit, Diskriminierung und Ausbeutung können als Formen von Gewalt verstanden werden, die im Sinne einer modernen Interpretation ebenfalls unter das Verbot des Tötens fallen könnten.

Das Gebot, den Sabbat zu heiligen, steht heute ebenfalls zur Debatte. In einer zunehmend säkularen und leistungsorientierten Gesellschaft wird die Bedeutung von Ruhe und Reflexion oft vernachlässigt. Die ursprüngliche Bedeutung des Sabbats – als Tag der Ruhe und Besinnung – könnte heute neu interpretiert werden, indem der Fokus auf die Notwendigkeit einer gesunden Work-Life-Balance gelegt wird. Ruhe, Entspannung und Zeit für sich selbst und die Familie sind in der modernen Welt von zentraler Bedeutung, und in diesem Sinne bleibt das Gebot, einen Ruhetag einzuhalten, zeitlos, auch wenn es nicht mehr in einem rein religiösen Rahmen verstanden wird.

Besonders interessant ist die moderne Auseinandersetzung mit dem Gebot, Vater und Mutter zu ehren. In einer Welt, die immer stärker von Individualismus geprägt ist, muss die Bedeutung von Respekt vor der älteren Generation in einem neuen Licht betrachtet werden. Heute könnte dieses Gebot nicht nur auf die familiäre Bindung hinweisen, sondern auch auf den Respekt gegenüber den Erfahrungen und der Weisheit früherer Generationen, die in einer technokratischen und jugendzentrierten Gesellschaft oft in den Hintergrund treten. In einer modernen Interpretation könnte dies den Wert von Tradition, Erbe und kultureller Identität betonen, ohne jedoch den moralischen Druck der bedingungslosen Autorität der Eltern.

Darüber hinaus bringt die moderne Interpretation auch neue Herausforderungen mit sich, die in den ursprünglichen Geboten nicht explizit behandelt werden. Fragen der sozialen Gerechtigkeit, des Umweltschutzes, der technologischen Ethik oder der globalen Verantwortung fanden in der ursprünglichen Form der Gebote keinen Platz, doch sie können im Geiste der Gebote, insbesondere im Kontext des Respekts und der Verantwortung gegenüber der Schöpfung und der Gemeinschaft, neu gedeutet werden. Das Gebot, nicht zu stehlen, könnte beispielsweise auch als Aufruf zur Bekämpfung von Ausbeutung und Ungerechtigkeit verstanden werden, sowohl auf individueller als auch auf globaler Ebene.

Die Frage nach dem Eigentum und dem Begehren – Themen, die in den letzten Geboten behandelt werden – erfordert ebenfalls eine zeitgemäße Neubewertung. In einer Welt, die stark vom Konsum geprägt ist, könnte das Verbot, das Eigentum oder die Partner des Nächsten zu begehren, als Kritik an materialistischer Gier und ungesunden Vergleichen in der Gesellschaft interpretiert werden. Das Gebot fordert heute wie damals dazu auf, innere Zufriedenheit und Dankbarkeit zu entwickeln, statt sich von Konsumdruck und Neid leiten zu lassen.

Insgesamt bleibt die Frage nach der zeitgemäßen Interpretation der Zehn Gebote eine offene, fortwährende Debatte. Es zeigt sich jedoch, dass die Grundprinzipien der Gebote – der Schutz des Lebens, die Achtung des Eigentums, die Wahrung der Ehrlichkeit und der Respekt vor der Gemeinschaft – auch in der modernen Welt von Bedeutung sind. Ihre Anpassung an heutige gesellschaftliche Herausforderungen erfordert jedoch eine flexible und reflektierte Lesart, die es ermöglicht, diese uralten Prinzipien in einem neuen Kontext zu verstehen und anzuwenden. Die Gebote können somit weiterhin als moralische Leitlinien dienen, wenn sie auf die Bedürfnisse und Werte moderner Gesellschaften abgestimmt werden.

Schlussfolgerung

Die fortwährende Bedeutung der Zehn Gebote

Die Zehn Gebote haben seit ihrer Entstehung eine beeindruckende Reise durch die Menschheitsgeschichte hinter sich. Was einst als ethische und spirituelle Grundlage für das Volk Israel formuliert wurde, hat sich zu einem moralischen Kompass für viele Kulturen und Gesellschaften entwickelt. Ihre Bedeutung liegt nicht nur in der Tiefe ihrer religiösen Weisheit, sondern auch in ihrer Fähigkeit, universelle Prinzipien zu verkörpern, die in fast allen menschlichen Gemeinschaften als wertvoll erachtet werden.

Die fortwährende Relevanz der Gebote ergibt sich aus ihrer Einfachheit und Klarheit. Ihre Botschaften – der Schutz des Lebens, der Respekt vor Eigentum, die Wahrhaftigkeit und der Glaube an einen höheren ethischen Standard – bleiben für das menschliche Zusammenleben von zentraler Bedeutung. Obwohl die Welt heute komplexer und vielfältiger ist, bieten diese Gebote nach wie vor eine moralische Orientierung, die über religiöse und kulturelle Grenzen hinausgeht. Sie sind eine Erinnerung daran, dass es grundlegende ethische Werte gibt, die unabhängig von Zeit und Ort ihre Gültigkeit behalten.

Moderne Gesellschaften haben sich von ihren religiösen Ursprüngen entfernt und sind säkularer geworden, doch die ethischen Prinzipien, die in den Zehn Geboten verankert sind, prägen weiterhin unser Rechtssystem, unsere politischen Ideale und unser soziales Verhalten. In der globalisierten Welt, in der Vielfalt und Pluralismus das gesellschaftliche Leben bestimmen, bieten die Gebote eine gemeinsame Basis, auf der Menschen unterschiedlicher Glaubensrichtungen und Weltanschauungen eine moralische Verbindung finden können.

Es ist bemerkenswert, dass die Zehn Gebote auch in ihrer Symbolkraft fortbestehen. Sie verkörpern den ewigen menschlichen Kampf, das Richtige zu tun, Gerechtigkeit zu üben und in Harmonie mit den Mitmenschen zu leben. Während sie oft in religiösen Kontexten zitiert werden, spricht ihre Ethik direkt die menschliche Erfahrung und die universellen Fragen von Gut und Böse an. Diese tiefe Verbindung zur menschlichen Natur macht sie zu einem zeitlosen Bezugspunkt in der moralischen und spirituellen Suche des Menschen.

Zusammenfassend lässt sich sagen, dass die Zehn Gebote ihre Bedeutung nicht verloren haben. Sie sind ein lebendiges Zeugnis dafür, dass einfache moralische Grundsätze das Potenzial haben, Gesellschaften zu formen und menschliche Werte zu bewahren. Ihre Anpassung an moderne Herausforderungen und ihre fortwährende Relevanz zeigen, dass sie weit mehr sind als nur ein historisches Relikt. Sie bleiben eine der wichtigsten ethischen Grundlagen der Menschheit.

Über den Autor

Lutz Spilker wurde im Jahre 1955 in Duisburg geboren.

Bevor er zum Schreiben von Romanen und Dokumentationen fand, verließen bisher unzählige Kurzgeschichten, Kolumnen und Versdichtungen seine Feder.

In seinen Büchern befasst er sich vorrangig mit dem menschlichen Bewusstsein und der damit verbundenen Wahrnehmung. Seine Grenzen sind nicht die, welche mit der Endlichkeit des Denkens, des Handelns und des Lebens begrenzt werden, sondern jene, die der empirischen Denkform noch nicht unterliegen.

Es sind die Möglichkeiten des Machbaren, die Dinge, welche sich allein in der Vorstellung eines jeden Menschen darstellen und aufgrund der Flüchtigkeit des Geistes unbewiesen bleiben. Die Erkenntnis besitzt ihre Gültigkeit lediglich bis zur Erlangung einer neuen und die passiert zu jeder weiteren Sekunde.

Die Welt von Lutz Spilker beginnt dort, wo zu Beginn allen Seins nichts Fassbares war, als leerer Raum. Kein Vorne, kein Hinten, kein Oben und kein Unten. Kein Glaube, kein Wissen, keine Moral, keine Gesetze und keine Grenzen. Nichts.

In Lutz Spilkers Romanen passieren heimtückische Morde ebenso wie die Zauber eines Märchens. Seine Bücher sind oftmals Thriller, Krimi, Abenteuer, Science Fiction, Fantasy und selbst Love-Story in einem.

»Ich liebe die Sprache: Sie vermag zu streicheln, zu liebkosen und zu Tränen zu rühren. Doch sie kann ebenso stachelig sein, wie der Dorn einer Rose und mit nur einem Hieb zerschmettern.«

In dieser Reihe sind bisher erschienen

Die Erfindung der Langeweile
Die Erfindung des Menschen
Die Erfindung des Geldes
Die Erfindung des Teufels
Die Erfindung des Erfolgs
Die Erfindung der Sterblichkeit
Die Erfindung der Lüge
Die Erfindung der Freiheit
Die Erfindung des Todes
Die Erfindung der Welt
Die Erfindung des Inselmenschen
Die Erfindung der Zeit
Die Erfindung der Seele
Die Erfindung der Politik
Die Erfindung des Gewissens
Die Erfindung der Religion
Die Erfindung der Schuld
Die Erfindung der Gerechtigkeit
Die Erfindung des Friedens
Die Erfindung des Selbstgesprächs
Die Erfindung der Zukunft
Die Erfindung der Pornographie
Die Erfindung der Verschwendung
Die Erfindung des Erwachsenseins
Die Erfindung der Hölle
Die Erfindung der Überbevölkerung
Die Erfindung des Himmels
Die Erfindung der Monarchie
Die Erfindung der Unterhaltung

Die Erfindung der Sprache
Die Erfindung der Musik
Die Erfindung der Wiedergeburt
Die Erfindung des Zufalls
Die Erfindung der Namen
Die Erfindung des Bewusstseins
Die Erfindung des freien Willens
Die Erfindung des Wahrsagens
Die Erfindung der Körpersprache
Die Erfindung des Schlafs
Die Erfindung der Sklaverei
Die Erfindung der Angst
Die Erfindung der Vernunft
Die Erfindung des Vollmonds
Die Erfindung des Vitamin B
Die Erfindung des Make-Up
Die Erfindung des Weihnachtsfestes
Die Erfindung des Ku-Klux-Klan
Die Erfindung des Träumens
Die Erfindung der Flaschenpost
Die Erfindung der Mafia
Die Erfindung der politischen Parteien
Die Erfindung der Freimaurer
Die Erfindung der Freibeuter
Die Erfindung der Raumfahrt
Die Erfindung der Tempelritter
Die Erfindung des ADHS-Syndroms
Die Erfindung der Homöopathie
Die Erfindung der Freizeitparks
Die Erfindung des Werwolfs
Die Erfindung des Astralkörpers
Die Erfindung des Zölibats
Die Erfindung des Herkules
Die Erfindung des Vampirs

Die Erfindung der Philosophie
Die Erfindung des Bieres
Die Erfindung der Geister
Die Erfindung des Ungeheuers von Loch Ness
Die Erfindung der Prä-Astronautik
Die Erfindung des Voodoo
Die Erfindung des Stierkampfs
Die Erfindung des Sinns des Lebens
Die Erfindung des Einhorns
Die Erfindung von Atlantis
Die Erfindung des Gähnens
Die Erfindung der Bundeslade
Die Erfindung der Ehe
Die Erfindung der 10 Gebote

Zeitfracht Medien GmbH
Ferdinand-Jühlke-Straße 7
99095 Erfurt, Deutschland
produktsicherheit@kolibri360.de